AF297829

RÉPONSE

GÉNÉRAL BOULANGER

AU RÉQUISITOIRE

DE

M. Q. DE BEAUREPAIRE

ANGERS

IMPRIMERIE MARTIN, RUE BODINIER, 4

1889

RÉPONSE DU GÉNÉRAL BOULANGER

AU RÉQUISITOIRE DE M. Q. DE BEAUREPAIRE

Au Peuple, mon seul juge !

Je m'adresse à tous les honnêtes gens et non aux juges de la Haute-Cour, dont je ne reconnais ni la compétence, ni l'impartialité.

Si même ce tribunal d'exception, dont toute la France sait par avance quel sera l'arrêt, ce tribunal politique chargé de condamner son adversaire, ce tribunal dont la sentence ne peut être qu'inique et odieuse, s'était contenté de relever contre moi ce prétendu crime d'attentat dont le mépris public a déjà fait justice, je me serais tu, laissant au pays le soin de juger mes juges.

Mais, s'apercevant du ridicule de l'accusation qu'il portait, ne pouvant même fournir à son appui l'ombre d'une preuve, M. Quesnay de Beaurepaire, le valet qu'on est allé chercher pour faire cette besogne, au refus des magistrats, a essayé d'un moyen habile pour tromper l'opinion.

Obligé de masquer le vide de son argumentation, ne pouvant même maintenir la plupart des inventions sur lesquelles il avait basé la demande de poursuites déposée sur le bureau de la Chambre, obligé, par exemple, de ne plus même parler dans son nouveau réquisitoire de ce voyage aux Etats-Unis dans lequel, tout d'abord, il m'accusait d'avoir commencé à préparer mon complot, le procureur général d'aventure qui fait les affaires de M. Thévenet a voulu venger ses maîtres, que la France tout entière accuse de n'être que des voleurs, et il a tenté de faire croire au pays que je ne valais pas mieux qu'eux.

C'est ainsi qu'avec un cynisme inconnu jusqu'ici chez un magistrat français, ce romancier sans talent a imaginé le roman qu'il prétend être un document judiciaire.

Attaqué cette fois dans mon honneur de soldat, dans mon honneur d'honnête homme, je ne pouvais plus me taire, je devais à mes amis, à moi-même, de confondre les calomnies et les calomniateurs — ce qui, d'ailleurs maintenant, n'est pas difficile.

En effet, un heureux hasard a mis entre les mains de mes amis tout le dossier de la Haute-Cour, et a dérangé ainsi les plans de M. de Beaurepaire.

Sans ce hasard, il m'eût été impossible de répondre à des accusations que j'ignorais absolument, dont même je n'aurais pu jamais deviner l'origine, car jamais il me serait venu à la pensée qu'un magistrat quelconque, fût-il le plus indigne, eût l'audace de n'appuyer son réquisitoire calomnieux que sur les prétendues révélations d'un agent secret, mais depuis longtemps, et les accusations d'un escroc dont M. Constans a publiquement avoué avoir payé 7,000 francs la déposition !

Car il n'y a que cela dans l'œuvre de M. le procureur général ; toutes les autres dépositions, les dépositions des honnêtes gens, qui confondent les calomnies de l'escroc et de l'agent secret, cet étonnant magistrat semble les oublier.

Il espérait sans doute que, ignorant les accusations, je ne pourrais y répondre avant les débats de la Haute-Cour,

[...] On parvien-
[...] par la suite,
[...] le jugement, après
[...] le coup sera porté.
[...] partout que le gé-
[...] a été convaincu de con-
[...] il n'a même pas osé se dé-
[...]minels les plus habiles ne
[...] prévoir, M. Quesnay de
[...] n'avait pas prévu que son
[...] entre les mains de mes
[...]udience, et maintenant que
[...] fasse sa besogne, qu'elle
[...]gement déjà tout rédigé :
[...]ance saura par avance avec
[...]yés avec quels documents
[...]vec quels témoins payés, se
[...] parodie de la justice !

[...]ière militaire du Général.

[...]ondre le procureur général,
[...]vaincre de mensonges, je veux,
[...] la longueur de cette réfu-
[...]ondre point par point à son

[...] l'étrange que ce magistrat,
[...]longuement de la carrière
[...] mon ami Dillon, pour le ca-
[...] impudemment, semble
[...]me. On dirait, à lire son
[...] que ma carrière n'a com-

[...]lors, j'avais vingt-huit an-
[...] vingt campagnes, quatre
[...]eux citations à l'ordre de

[...] après tout, dois-je savoir gré
[...] de Beaurepaire de ne pas
[...]que si quatre fois je suis tombé
[...] bataille, c'est que j'ai
[...]posé tout exprès, dans
[...] plus tard une popula-

[...]f qu'en 1882, étant géné-
[...]directeur de l'infanterie,
[...] Beaurepaire, « des

[...] de M. Ravenel ignore
[...] attribution d'un général
de brigade, qui ne peut guère avoir « des
ambitions excessives »

Les prétendus agents.

Ici, je relève une première accusation
mensongère, M. de Beaurepaire prétend
que j'ai, à cette époque, envoyé un agent
à un libraire militaire, pour le prier de
répandre ma biographie dans l'armée.
C'est faux, je défie le procureur général et
le libraire dont il s'agit, M. Baudoin, de
prouver que c'est moi qui avais envoyé
celui qu'on appelle mon agent.

Le réquisitoire ensuite déclare qu'à
Tunis « j'ai poursuivi l'exécution de mes
plans ! » et que j'y ai eu différents agents,
entre autres une femme. Je ne sais si une
femme, vieille ou jeune, est venue me
trouver à Tunis ; mais, ce que je sais
bien, c'est qu'aucune femme ne m'a servi
d'agent et que, si le fait eût été exact,
mon honorable adversaire, M. Gambon,
en eût certainement parlé dans sa déposition.

Le faux témoin Buret.

En outre, j'aurais eu à Paris, un autre
agent, « un soi-disant journaliste trois
fois condamné ». Est-ce de Buret que
veut parler M. Quesnay de Beaurepaire,
sans se douter qu'ainsi lui-même dé-
montre ce que vaut la déposition de cet
escroc, acheté par M. Constans ?

Oui, il semble certain que, à cette
époque, Buret était l'agent de quelqu'un ;
mais c'était de M. Constans et non de
moi.

N'était-ce pas, en effet, M. Constans
qui confiait à ce Buret la rédaction d'une
dépêche, dans laquelle il me faisait offrir
le ministère de la guerre, pour la nou-
velle combinaison dont il venait d'être
chargé, combinaison qui échoua ?

Oui, j'ai connu alors Buret, que j'avais
la faiblesse de croire un honnête homme,
parce qu'il m'avait été présenté par un
ministre ou par des députés.

J'ai connu Buret, jusqu'au jour où j'ai
appris qu'il essayait de battre monnaie

avec mon nom, et me suis aperçu qu'il ne venait au ministère que pour se donner une apparence de crédit absolument imaginaire. C'est même à propos de lui, le jour même où je le fis mettre à la porte, que j'ordonnai de fermer le Ministère à tous les intrigants. Oui, ce fut cet incident qui me suggéra l'idée d'interdire le Ministère de la guerre à tous les faiseurs d'affaires louches, fussent-ils sénateurs ou députés. J'en appelle au souvenir de mon chef de cabinet, et de tous les officiers qui m'entouraient.

Du reste, il ne m'en coûte pas de le dire, je me repens profondément d'avoir cru alors, dans mon ignorance de la politique, qu'il suffisait d'être l'ami intime de M. Constans et d'autres députés pour être un honnête homme ; je me repens sincèrement d'avoir cru trop facilement à l'honorabilité de Buret.

Mais vous, monsieur le procureur général, qui le connaissez bien, qui savez que le ministre de l'intérieur a payé sept mille francs son témoignage, comment pouvez-vous, comment osez-vous, uniquement sur ce témoignage vendu, échafauder d'odieuse accusation de concussion.

Le « Café en tablettes ».

Vous dites qu'à Tunis l'argent me manquait ? Pourquoi ? Qu'avais-je donc à en faire ? J'avais, au contraire, une des situations les plus rétribuées de l'armée. Ici, je cite textuellement votre acte d'accusation : « L'argent manquait ; on recourut aux affaires véreuses pour essayer de s'en procurer. Son agent et lui convinrent de partager un pot-de-vin de 210,000 fr. s'il faisait expérimenter dans sa division et accepter au ministère un système de café en tablettes. »

Il est impossible de réunir en moins de lignes plus de calomnies odieuses et plus d'absurdités.

Ce que vous avancez comme une accusation sérieuse, prouvée, n'est basé que sur la déposition de Buret seul.

Les gens intéressés en cette affaire, entre autres un M. Maréchal, je crois, vous

les avez fait venir, vous les avez interrogés, et que vous ont-ils répondu ?

Qu'ils ne m'avaient jamais vu ! Qu'ils ne m'avaient jamais parlé !

Pour donner un semblant de véracité à cette accusation odieusement mensongère, vous avez saisi au domicile de Buret une lettre, un bon de commission, dites-vous où il est question de G... Votre témoin, escroc vendu, dit que « G... » signifie le général Boulanger, mais le mensonge est patent ! S'il se fût agi de moi, il y aurait eu tout au moins *du G...*, et, étant données les autres dépositions, sans que je veuille insister, convaincu que Buret a abusé du nom de celui-là à son insu, comme de tant d'autres, toute la France sait déjà que cette initiale désigne un homme politique que tout le monde connaît, et non le général Boulanger.

Jamais je ne me suis occupé de ce cette affaire, pas plus que d'aucune autre. On m'a demandé un jour de faire un essai dans ma division, comme cela se fait à chaque instant dans toute l'armée française ; les officiers compétents m'ont répondu que c'était détestable !

J'ai transmis les rapports et voilà tout !

Avouez que les hommes d'affaires qui eussent donné 210,000 fr. de commission à un général, pour faire déclarer que leur produit était détestable, eussent mérité d'aller à Charenton.

Le Baron Kohn De Reinach.

La vérité, je commence aujourd'hui à l'entrevoir, c'est qu'au contraire, dans cette affaire, ma droiture, la façon dont j'ai simplement transmis au ministre l'opinion défavorable des chefs de corps, m'a créé des inimitiés toutes particulières, que longtemps je ne me suis pas expliquées, et dont, aujourd'hui, je crois deviner l'origine.

L'homme le plus intéressé à cette affaire — il l'avoue dans sa déposition — était M. le baron Kohn de Reinach, oncle et beau-père de M. Joseph Reinach, de la *République française*. Je me suis refusé à faire les affaires des opportunistes, et

[...] me dit M. le baron de
[...] chez Buret [...] qui sans doute, je
[...] devait être un [...]
[...] j'avais commis l'impru-
[...] diner chez ce Buret, dont
[...] soupçonnais pas encore l'in-
[...] M. de Reinach ment quand il
[...] familiarité avec son homme.
[...] Au contraire, m'apercevant
[...] diner avait un caractère louche,
[...] vereuses, je quittai le plus vite
[...] cette maison, je commençai à
[...] e en garde contre Buret, et c'est
[...] emps après que je l'expulsais du
[...]

L'affaire des épaulettes

[...] sse maintenant à « l'affaire des
[...]tes ».
[...]re part, dites-vous, il mit son
[...] et le titre de sa fonction au ser-
[...] d'un marchand d'épaulettes,
[...]nant une commission de vingt
[...]mes par paire, à partager entre lui
[...] courtier. »
[...]vez pour cette affaire, trois dé-
[...]elle de l'escroc Buret, qui
[...] celle du principal intéressé,
[...] le marchand d'épaulettes, qui
[...] la façon la plus formelle que
[...] été mêlé à cette louche his-
[...]position d'un ancien ministre,
[...] l'honorable M. Granet, qui
[...] le jour où il m'a parlé de
[...] M. Dupuy », je lui ai répondu :
[...] pas me mêler de cela, ces
[...] choses ne me regardent pas.
[...] Dupuy d'aller trouver le direc-
[...]tent. Je ferai ce que le direc-
[...]idera ».
[...]em ! entre ces trois dépositions,
[...]choisissez-vous ? Vous n'en rete-
[...] seule, celle du témoin escroc,
[...] droits civils et politiques, un
[...] M. Constans (il faut le répé-
[...]) a avoué publiquement
[...] témoignage 7,000 francs !
[...]de métier faites-vous donc,
[...]nion l'étranger aura-t-il dé-

[...]neurs d'un pays où il se trouve un magistrat capable d'une semblable infamie ?
— Je continue à suivre pas à pas le réquisitoire, sur lequel va me juger la haute
cour de justice.

Les quarante-quatre Portraits.

Vous prétendez, monsieur de Beaurepaire, qu'étant ministre de la guerre, j'ai
fait faire quarante-quatre portraits de
moi — et vous ajoutez perfidement que
« j'ai même fait faire certains de ces portraits en Allemagne ».

Je suis surpris du chiffre de quarante-
quatre portraits, je croyais qu'il y en
avait bien plus ! Mais vous mentez quand
vous prétendez que je les ai fait faire ! Jamais, je l'affirme, je ne me suis occupé de
faire faire un seul de mes portraits. Il est
vrai que je n'ai jamais voulu poursuivre
les innombrables industriels qui ont ga-
gné quelque argent à vendre des portraits
de moi, plus ou moins ressemblants et
parfois ridicules.

Si c'est là un crime, je m'en accuse, et
c'est, du reste, le seul que j'ai commis.

Prétendues subventions.

J'arrive maintenant à la partie la plus
méprisable de votre œuvre, monsieur le
procureur général, attendu que non
seulement cette fois vous altérez la vérité, mais encore vous m'obligez à révé-
ler sur l'emploi des fonds secrets ce qui
devrait rester ignoré — car c'est peut-
être au ministère de la guerre seul que
les fonds secrets ont leur raison d'être, à
la condition, bien entendu, que leur
emploi demeure inconnu.

Votre réquisitoire prétend que j'ai
donné 242,693 francs de subvention à la
presse. Nouveau mensonge. Les journaux
subventionnés l'étaient par le ministre de
l'intérieur ou par le ministre des affaires
étrangères, et non par moi. Il serait
étrange, d'ailleurs, qu'ayant fait un si
mauvais usage des fonds secrets je sois
le *seul* ministre qui en ait fait tenir une
comptabilité exacte. Il saute aux yeux
des plus naïfs que, si j'avais eu quelque
chose à cacher, j'aurais brûlé cette comptabilité, *comme c'était mon droit, et que*

[...] ministre de la guerre. Oui, j'ai cru
nécessaire, à une heure grave, d'organi-
ser mon service de renseignements comme
il ne l'avait jamais été, et si mon patriotisme n'était plus fort même que l'intérêt
de ma défense, je pourrais dire entre
quels hommes et moi étaient les intermédiaires, les personnes — souvent les
journalistes — dont vous avez retrouvé
les noms ou les initiales.

J'ai l'orgueil d'avoir fait à cette époque
tout mon devoir et de l'avoir bien fait.

Faites donc cette enquête, si vous l'o-
sez! Faites venir ces intermédiaires et
racontez à toute l'Europe quels étaient
nos agents même dans les salons de
Berlin ou de Rome!

Mais vous ne l'oserez, parce que vous
savez bien que le pays vous punirait de
la peine des traîtres!

Vous parlez d'un homme de main qui
aurait été condamné pour attentat à la
pudeur. Je n'ai jamais eu d'homme de
main, je ne me suis guère occupé des
antécédents des personnes qui ont écrit
à mon compte — je ne sais même à
quelle condamnation ni à quel person-
nage vous faites allusion. — J'ignore de
même absolument le nom de l'homme
condamné sous mon ministère que, dites-
vous, j'ai recommandé à ses juges. Jusqu'ici je n'ai rien trouvé dans les pièces
du dossier de la Haute-Cour qui s'y rap-
porte.

Fonds secrets et fonds de réserve.

Mais je reviens à la question des fonds
secrets et à celle du fonds de réserve, vo-
lontairement embrouillées par vous et
que je dois à mes amis de clairement élu-
cider.

Tout d'abord, votre réquisitoire comme erreur.

En 1886, je n'ai pas eu 700,000 francs
de fonds secrets, mais bien 740,000 francs,
la marine m'ayant donné 40,000 francs

[...] les renseignements très graves et [...]

[...] de la guerre.

Il est donc démontré [...] que j'ai [...]
plus d'argent [...] disposé [...] mes
prédécesseurs, sans [...] dans [...]
trois années, les fonds secrets étaient

En 1883, de   924,000 francs;
En 1884, de   1,142,000,
En 1885, de   902,000 —

Que l'on fasse la différence [...] ces
sommes et celles qui étaient à ma disposition, que l'on se souvienne des événements graves qui se sont passés [...]
mon ministère, et l'on comprendra facilement comment j'ai été obligé de tou-
cher aux fonds de réserve, et de prendre une somme relativement minime.

Le fonds de réserve jusqu'[...]

J'y étais d'ailleurs autorisé par l'exemple de mes prédécesseurs, qui, quand [...]
l'avait fallu, dans l'intérêt [...]
avaient puisé dans ce fonds de réserve [...]
fait leur devoir comme j'ai fait [...]

Vous altérez donc une fois de [plus la]
vérité, monsieur de Beaurepaire [...]
vous dites, en parlant du fonds [de ré-]
serve : « Depuis 1872 les ministres [...]
fait un devoir d'y ajouter sans [cesse et]
de n'y puiser jamais. »

Pour vous confondre, il me [...]
produire depuis 1872 l'état du [fonds de]
réserve, qui d'ailleurs jusqu'en [...]
appelé *fonds divers*, et de [...]
fonds de roulement, ce qui indique [...]
sa nature et sa destination.

Le 7 mars 1872, il
était de   104,[...]
Le 1er février 1873,
il était de   177,561 fr. 22
Le 9 janvier 1874,
il était de   120,424 fr. 68
Le 18 décembre
1874, il était de   8,175 fr. 17
Le 23 novembre
1875, il était de   17,0[...]

Je ferai remarquer qu'en 187[...]
des événements graves avaient [...]
veille de se produire, et que [...] pré-
cesseur a fait son devoir en [...]
que tous les fonds de réserve [...]

de malheureuses
[…] à prouver
[…] vos alléga-
[…]aurepaire !
[…] il est de 108,230 fr.
[…]ième année, il n'est
[…] fr. 58
[…] diminue encore au
[…] 1877, il est de
[…]9, il n'est plus que de
[…]us rappeler un fait en-
[…] mais il le faut bien,
[…] défendre. Un de mes
[…] général Billot, un de
[…]urd'hui, a fait des dé-
[…]046 fr. 42 le chiffre
[…] en main comme
[…] de tous les chiffres
[…] Je n'ai cité que
[…] mon bilan officiel du
[…]dites, si vous avez
[…]euse, vous ne devez
[…] les ignorer plus
[…] de Beaurepaire !
[…] 1887
[…] mon ministère.
[…] Saint-Dominique, le
[…] il le 2,098,255 fr. 14.
[…]en de diminuer.
[…] exercice de 1885,
[…] compléter à un mois
[…]tion de fin d'an-
[…] les appointements
[…]0 fr. gratification
[…]ue, et que ne per,
[…] donner entière

Le fonds de réserve restait donc
1,972,575 fr. 14.
Le service des renseignements, en […]
de ses dotations habituelles, a abso[…]
80,000 fr. Tous les patriotes qui se r[…]
pellent les incidents qui ont précédé […]
accompagné l'affaire Schæbelé, tous l[…]
officiers qui travaillaient avec moi, et […]
savent ce que nous avons fait alors, tr[…]
veront que c'est bien peu ! Et, si je n'ai p[…]
dépensé davantage, c'est que, à cette ép[…]
que, j'ai rencontré bien des dévouement[…]
désintéressés.
Vous avez donc oublié, monsieur l[…]
procureur général, que nous ne f[û]m[…]
jamais plus près de la guerre ?
Vous avez donc oublié l'appel d'u[…]
partie des réserves de l'armée alleman[…]
Je suis sûr que mes anciens collègues d[…]
ministère n'ont pas perdu le souveni[…]
nos patriotiques angoisses d'alors.
Vous dites que ce fonds de réserve […]
vait être employé « aux premiers bes[oins]
imprévus de la défense » ? Eh b[ien,]
eut-il jamais une heure où il fallut so[n]-
ger plus vite « aux premiers besoins [de la]
défense » ?
J'en appelle à tous les Français.
Quant à moi, j'eusse alors dépensé j[us]-
qu'au dernier sou de ce fonds de rése[rve]
si c'eût été nécessaire, et en agissa[nt au]-
trement j'aurais cru commettre un c[rime]
de lèse-patrie.
Vous prétendez qu'alors, au con[traire,]
mon service de renseignements a é[té né]-
gligé. Comment avez-vous donc fai[t vo]-
tre enquête, monsieur le procureur g[éné]-
ral ? Vous ne vous souvenez don[c pas]
des articles de la presse allemand[e an]-
nonçant chaque jour l'extension pr[ise par]
notre système d'espionnage ?
Si je n'écoutais que mon int[érêt]
vous citerais cent faits différents q[ui]
confondraient, mais que mon pa[…]

...piers d'un attaché militaire.

...attaché militaire d'une grande puis-
...ce avait organisé, avec une habileté
...rieure, un vaste système d'espion-
...ge, contre lequel nous étions impuis-
... ...
...Nous parvînmes, après mille peines, à
...où il cachait ses papiers; une nuit,
...en empara. Oui, monsieur le procu-
...général; nous eûmes toute une nuit,
...re les mains, liste d'espions, copie des
...rapports adressés par l'attaché à son gou-
...vernement; nous pûmes tout copier en
...nuit!

...Le lendemain, à son réveil, cet offi-
...trouvait remis en leurs place tous ses
...
...il n'a su, même quand il fut dé-
...comment nous avions pu nous pro-
...certaines révélations.

...quelques sommes que cela
...trouvez un Français qui ose
...que c'était payé trop cher! ...
...quel est l'homme de bon sens qui ne
...prendra que pour faire de semblables
...tions il faut beaucoup d'argent?

...suite de cette affaire, j'ai fait voter
...sur l'espionnage; ce n'est pas ma
...elle n'a pas été plus strictement
...tuée, et je vous jure qu'elle l'aurait
...j'étais resté plus longtemps aux
...
...osez dire, monsieur de Beaure-
...que mon service de renseigne-
...négligé! Interrogez mes col-
...des affaires étrangères, MM. de
...el et Flourens, et ils vous racon-
...combien de fois je leur ai fourni
...ieux renseignements même sur
...qu'ils dirigeaient!

Le témoin Geissen.

...par hasard cette phrase de

...deux ...
...une devant le ...
...l'autre devant la co...
Cour, dans lesquelles ...
...dément avec indignation ...
par le sieur Geissen, ...de...
...terlopes dont on se sert ...
de renseignements, par...
le double jeu qu'ils sav...

...Vous avez senti vous ...
sation lancée contre ...
cent mille francs au ...
...gnements, vous retomb...
alors que le chef de ce...
vous dire: « Vous mentez! »

Le fonds de réserve

Enfin, en 1887, quand le...
conflit immédiat furent...
les traditions de mes...
dépensaient quand il la...
misait quand cela était...
donné des ordres pour qu...
sur les fonds secrets, ...
mettre au fonds de rés...
qu'on avait été obligé ...

...La preuve écrite de ...
trouver certainement enc...
de la guerre ...

...Vous altérez toujours...
affimez que j'ai pris 2...
fonds de réserve. Vous s...
que cela est faux. Je vér...
quer ce que j'ai fait, non ...
mais bien de 80,000 fr...
francs.

...Dans sa déposition, ...
général Ferron décl...
200,000 fr., 140,000 p...
clé militaire; 1,500 fr...
un officier suédois; ...
que mon successeur a...
dans la caisse, en...
comptes lui-même.

... ce conséquent précis ?

Le cercle militaire.

...rez-vous les 140,000 francs donnés
...e militaire l'ont été dans un but
...propagande personnelle ? Demandez
...aux officiers ce qu'ils pensent de
...du Cercle militaire : demandez-le
...M. de Freycinet, qui va continuer
...j'ai commencé, en faisant ce que
...vais faire, en donnant son autori-
...à une vaste association coopéra-
...corollaire nécessaire du Cercle mili-

...j'ai envoyé un intendant étudier
...organisation en Angleterre, où elle
...fonctionne admirablement au *Army and*
...Club, et mon œuvre était si mau-
...que le ministre actuel n'a trouvé
...de mieux à faire que de la continuer;
...une commission achève en ce mo-
...ment les travaux préliminaires, et que le
...gouvernement compte lui-même beau-
...coup sur cette œuvre importante pour re-
...trouver un peu de popularité dans l'ar-

...Les 140,000 francs n'étaient d'ailleurs
...prêt, et devaient, à un moment
...rentrer au fonds de réserve ; ils
...été fournis pour permettre au
...de donner à son propriétaire une
...loyer d'avance. Depuis, cette
...a été réduite à six mois, et les
...francs rentrés dans la caisse du
...auraient dû être rendus par lui au
...de la guerre ; ils l'ont même
...être été : cela je l'ignore.
...suivre votre argumentation, mon-
...procureur, comme vous confon-
...taire ment à chaque instant, les
...secrets et le fonds de réserve, je
...oblige de passer de l'un à l'autre.

Détournements !

...vous dites : « A la veille de son départ,
...plus ministre, il s'est emparé
...somme de 30,000 francs et l'a dé-
...
...fois, il s'agit des fonds secrets.
...remarque, la veille de mon départ,
...l'intendant Reichert m'a remis une
...somme de 30,000 francs en me rendant

ses comptes ; cette somme était ce qui
restait de la mensualité des fonds secrets.

Vous dites que je l'ai détournée ? Voici
le reçu qui établit ce que j'en ai fait :

« Reçu de M. le général Boulanger la
somme de 32,000 francs (trente-deux
mille francs), pour les diverses missions
que j'ai remplies, pour le compte du ministère de la guerre, en Allemagne et en
Belgique.

Paris le 31 mai 1887.

Al. DE MONDION.

La personne qui l'a signé avait été mon
agent ; elle avait rendu de grands services et que mon devoir est de taire — à
moins que vous ne me forciez à les dire.
Je lui devais cette somme, la France la
lui devait : je la lui ai payée.

On remarquera même qu'elle dépasse
de 2,000 fr. celle qui me fut apportée par
M. Reichert.

En toute autre circonstance, j'eusse dit
à mon successeur : « Je dois 32,000 fr.
sur les fonds secrets, il ne reste que
30,000 fr., veuillez payer les 2,000 fr. qui
manquent sur votre prochaine mensualité. »

Mais mes relations avec le général Ferron étaient telles, que je préférais prendre 2,000 fr. dans ma bourse et ne rien
dire.

Je crois, monsieur le procureur général, que j'ai établi mes comptes d'une façon suffisamment précise ; je souhaite à
votre ami, à votre complice M. Constans,
de pouvoir tenir une comptabilité aussi
exacte de ses fonds secrets.

Vous me reprochez ensuite d'avoir
versé 60,000 fr. à un notaire, d'avoir payé
les dettes de mon père. Mais, si je ne l'a-
vais fait, comment traiteriez-vous un
homme qui avait été près de deux ans
commandant en chef en Tunisie, dix-huit
mois ministre, qui, par conséquent, pendant près de quatre années avait occupé
les situations les plus rétribuées de l'armée, et qui aurait eu assez peu de souci
de l'honneur de son nom pour négliger
les dettes de son père !

Il est faux que j'ai remis 6,000 fr. à un

[...]nnez donc cet agent — que je le — comme vous le dites, faire une [illegible]
[...]able ! [illegible], c'est que un jour où je [illegible]
Il est également faux que j'aie fait suis aperçu que ce journal ne pouvait
meubler deux appartements en ville. Où nous rendre les services que nous at-
sont ces appartements que je ne con- dions de lui, je cessai de lui donner [illegible]
nais pas ? A qui ai-je donné l'ordre de les l'argent.
meubler ?

L' « Avenir National ».

J'arrive maintenant à ce que vous ap- Enfin vous dites que « je libérais 11,0[..]
pelez l'affaire de l'*Avenir national*. francs de titres nominatifs ». Est-ce
Oui, j'ai remis, sur les fonds secrets, des obligations du Cercle militaire sous-
une somme assez importante pour le crites par moi que vous voulez parler ?
journal l'*Avenir national*, dans un but Dans ce cas, je vais vous apprendre ce
déterminé et absolument patriotique. que vous ignorez. — Ainsi qu'un certain
J'en revendique hautement la respon- nombre de mes camarades, j'avais sous-
sabilité, et je m'en fais gloire. crit pour dix mille francs d'obligations du
Ce que je voulais faire, seuls quelques- Cercle militaire lors de sa fondation.
uns de mes anciens collaborateurs le sa- Quand le cercle fit un emprunt au Crédit
vent, et je suis certain qu'ils ne vous l'ont foncier, les obligataires furent tous rem-
pas dit. boursés, moi comme les autres. Alors je
Pour compléter mon service de rensei- renvoyai les dix mille francs avec une
gnements, rendu chaque jour plus diffi- lettre que vous retrouverez dans les ar-
cile par les précautions des gouverne- chives du cercle, et dans laquelle je di-
ments étrangers, je voulais avoir à ma sais que je faisais don de cette somme à
disposition un organe qui — sous le cou- une œuvre que je considérais comme né-
vert de correspondances étrangères — cessaire à l'armée.
m'aidât puissamment à avoir des agents J'ai voulu, chiffré par chiffre, vous
et des moyens de communiquer avec convaincre de mensonge, et cependant il
eux. y a une preuve bien évidente que je n'ai
Je voulais surtout, — et vous m'obligez jamais pu commettre un détournement
de graves révélations — avoir sous la — une preuve qui pourrait me disculper
main des gens ayant avec les socialistes des autres — c'est que, à l'exception de
d'un certain pays des relations dont je cette somme de 30,000 francs remise à
comptais me servir, le jour où la guerre notre agent M. de Mondion, jamais rien
serait à la veille d'éclater ; mais *seule-* ne m'a passé par les mains un cen-
ment ce jour-là. time ni du fonds de réserve ni des fonds
C'est pour cela que je voulais avoir secrets.
dans ce journal des hommes ayant pris La déposition du général [illegible]
part aux mouvements socialistes. chef de cabinet, et de tous les offi[ciers]
Pour une œuvre semblable, il ne fallait qui ont été dans mon état-major,
pas seulement un journal dévoué, il fal- j'en suis sûr, unanimes sur ce point.
lait un journal qui fût en quelque sorte
la propriété même du ministère de la
guerre, un journal dont on pût faire agir

Le « Quitus » de M. Grévy.

et écrire les collaborateurs sans même Vous prétendez que, contrairement à
qu'ils se doutassent du but vers lequel on l'usage, j'ai refusé de rendre compte de
tendait. mes fonds secrets au président de la Ré-
Je n'en dirai pas davantage, et il a publique. C'est faux.
fallu l'infamie de vos procédés, pour m'o- D'abord, suivant la règle, j'arrêtai
bliger à de semblables révélations. mes comptes le 31 décembre 188[.]
La preuve que je n'ai jamais voulu, (Ce qui, d'ailleurs, tous les ministres
savent, n'est qu'une simple formalité.)
Et si je n'ai pas été trouver M. [illegible]
ma sortie du ministère, pour lui rendre
mes comptes de janvier 1887 au [illegible]

mai de la même année, c'est-à-dire mes comptes de *quatre mois seulement*, c'est que les chefs de service du ministère, M. le sous-directeur d'Estourvelles, M. des Assis, agent comptable, m'ont déclaré que c'était contraire à tous les usages.

Ils ajoutèrent que ces sortes de *quitus* ne s'obtiennent qu'une fois par an, à la fin de chaque exercice, qu'ils avaient vu maintes fois le cas se présenter, étant donné les nombreux changements ministériels, et que mon successeur obtiendrait le *quitus* au 31 décembre 1887.

D'ailleurs, pendant que j'étais à Clermont-Ferrand, mon ami M. Laisant (on dirait qu'il avait deviné, à cette époque, ce qui devait se passer aujourd'hui), écrivit à M. Ferron pour lui demander s'il ne convenait pas, étant donné certaines attaques, que j'allasse à Mont-sous-Vaudrey, où se trouvait le président Grévy, pour lui rendre compte des fonds que j'avais eus à ma disposition pendant les quatre mois de 1887.

M. le général Ferron répondit que c'était inutile.

Que reste-t-il maintenant de votre réquisitoire, monsieur le procureur général ? — La preuve que vous m'avez odieusement et sciemment calomnié.

Mais il y a dans votre factum quelque chose de plus infâme encore que vos calomnies.

Vous dites : « Ces détournements ne sont rappelés ici qu'à titre de renseignements, car ils sont justiciables d'une autre juridiction. »

Vous voulez tromper l'opinion publique, faire croire que j'étais un concussionnaire, espérant que je n'aurais pas le temps de me défendre. Vous aviez tout préparé pour un coup de théâtre.

Grâce au hasard qui nous a permis d'avoir votre dossier, vous voilà démasqué.

L'attentat.

Quant à l'attentat, au complot que vous prétendez établir, le bon sens public en a déjà fait justice. Je répondrai cependant brièvement à quelques-unes de vos accusations.

D'après vous je commençai à comploter dès que j'eus quitté le ministère. En effet, à cette époque, je voyais chaque our un certain nombre d'hommes politiques. Presque chaque soir, on pouvait me rencontrer dans les bureaux de la *Justice* et de la *Lanterne*.

Est-ce avec MM. Clémenceau, Pichon, Pelletan, Millerand, Mayer, que je complotais alors le renversement de la République ? Si oui, pourquoi ne sont-ils pas, eux aussi, traduits devant la Haute-Cour ?

Je vous défie, monsieur le procureur général, de prouver par un seul témoignage honorable, que j'aie provoqué, en quoi que ce fût, les manifestations qui se sont produites après ma sortie du ministère.

En ce qui concerne mon départ pour Clermont-Ferrand, vous reproduisez simplement la déposition fantaisiste de votre agent secret Alibert.

Mais, maladroit que vous êtes, si j'avais voulu faire ce que vous dites, je n'aurais eu qu'à me laisser emporter par la foule, je ne serais pas parti sur cette locomotive que vos amis m'ont si souvent reprochée !

Voici maintenant un mensonge imbécile, car il m'est trop facile de prouver la vérité.

Le 14 Juillet 1887

Vous dites que le 14 juillet 1887 j'étais caché à Paris, attendant les évènements.

Le 14 juillet, j'étais dans mon lit, malade, à Clermond-Ferrand. Si vous aviez voulu faire autre chose que calomnier, vous auriez interrogé mon chef d'état-major qui, pour les besoins du service, entra, ce jour-là, à plusieurs reprises dans ma chambre, ainsi que le médecin principal de première classe, directeur du service de santé de mon corps d'armée, qui vint, deux fois me voir, pour me soigner, le matin et le soir du 14 juillet.

Calomnies démasquées

Vous dites que j'ai été à Prangins ? Je vous défie de prouver cette absurdité, même par un seul témoignage.

Il n'y a pas un mot de vrai dans votre
histoire de mes prétendues correspondances
télégraphiques.

Savez-vous par qui ou au nom de qui
m'étaient adressées certaines dépêches,
dont vous parlez, et dont d'ailleurs vous
travestissez le sens ?

Par le directeur de la Lanterne !

Quant à la fameuse nuit historique, où
je ne répondis que par un dédaigneux si-
lence, aux projets à la fois enfantins et
révolutionnaires de certains hommes politiques devenus aujourd'hui mes adversaires, l'opinion publique est fixé depuis
longtemps sur vos accusations ineptes.

Enfin vous me donnez un rôle fantaisiste dans les événements qui ont précédé le 2 décembre 1887.

Je n'ai fait qu'écouter, à cette époque,
les conversations des hommes qui étaient
mes anciens collègues, et qui d'ailleurs,
depuis, ont, en grande partie, formé le
cabinet Floquet.

Vous les avez interrogés, du reste, et
vous savez ce qu'ils vous ont répondu.

M. Lockroy, notamment, vous a dit :

« Si ce jour-là on a essayé un attentat,
je demande à être poursuivi, car j'en
étais ».

Pourquoi ne l'avez-vous pas poursuivi ?

Vous insinuez que je conspirais avec la
Droite ; mais alors la Droite était l'alliée
de M. Ferry, et, par hostilité contre moi,
votait, au Congrès, pour le général Saussier !

D'où vient l'argent ?

Vous vous demandez ensuite d'où vient
l'argent avec lequel le Parti national lutte
contre vos maîtres, et naïvement vous
répondez pour moi. Vous constatez qu'en
moins d'une année j'ai reçu 1.275 lettres
chargées.

Embauchages !

Vous dites que j'ai voulu embaucher le
chef de la sûreté. La déposition de M.
Goron figure au dossier et établit juste le
contraire.

Vous racontez qu'au mois de janvier
je me suis vanté d'ouvrir l'Exposition au
mois de mai. Vous savez bien que je n'ai
jamais prononcé ces paroles, ou elles ont
été dites dans les couloirs de la Chambre
par M. Thiébaud seul.

Vous m'accusez d'avoir voulu embaucher des soldats ou des officiers. Je vous
défie de trouver un officier ou même un
soldat qui ose dire, sur sa parole d'honneur, que j'ai tenté de l'embaucher.

La vérité, c'est que vous n'avez rien
trouvé contre moi, et que vous ne pou-
vez rien trouver, parce qu'il n'y avait
rien.

M. le général Saussier en témoigne lui-
même dans sa déposition.

Votre document judiciaire est un tissu
de calomnies maladroites et de mensonges cyniques ; vous ne vous êtes servi,
pour le faire, que des témoignages ache-
tés d'un agent de la police secrète et d'un
escroc, ou des cancans ineptes ramassés
dans les livres de M. Joseph Reinach,
gendre et neveu du baron Kohn de Reinach, dont je n'ai pas voulu faire les affaires.

Le fusil Lebel.

Il y a même dans votre œuvre quelque
chose de plus vil encore.

Il reste une question que vous n'avez
pas osé aborder, une accusation mal dé-
finie que vous n'avez pas osé mettre dans
votre acte d'accusation, mais que je relève parce que je la trouve implicitement
contenue dans la partie du dossier de la
Haute-Cour que j'ai là sous les yeux.

Au mois d'octobre 1886, j'envoyai aux
Etats-Unis une mission composée de trois
officiers d'artillerie, afin d'acheter tout
un outillage que je ne pouvais trouver
ni en France, ni dans les pays voisins,
pour pouvoir hâter la fabrication du nouveau fusil, du fusil Lebel. Je n'ai pas besoin d'ajouter à quel point il était urgent
de hâter cette fabrication.

Après de longs entretiens avec le colonel Gras, directeur des manufactures
d'armes, désespéré de ne pouvoir trouver
en Europe l'outillage nécessaire, car les
maisons françaises ou étrangères me de-
mandaient une année pour me le procurer, je me souvins qu'en 1881, chargé par

… achter pour plu-
… de ces machines ; l'opéra-
… complètement, et c'est grâce …
… nous pûmes prendre une
… année sur les autres pays
… pour la fabrication du fusil de
… vous avez fait venir devant
… mission des Neuf le colonel Gras ;
… Nîmes, alors directeur de l'ar-
… général Mathieu, aujourd'hui
… du même service. J'ai là, sous
… toutes leurs dépositions. M.
… votre aide, les a interrogés mi-
… ment sur tous les détails de cette
… il n'a osé, dans ses interroga-
… contre moi aucune accusation
… mais j'y démêle je ne sais quelle
… malsaine de rechercher s'il ne
… pas possible de faire croire qu'en
… cet acte de patriotisme,
… une commission des fabri-
… cants !
… bien voulu enlever de vo-
… toutes ces dépositions, qui
… infamie de votre œuvre et les
… pugnants auxquels vous obéis-
… avez pas osé commettre cette
… mais vous n'avez pas osé non
… cette accusation dans votre

… je la reprends et je vous

… fange êtes-vous donc pétris,
… vôtres, pour que vous vous
… que derrière toute chose, il y
… été, pour que vous pen-
… homme ayant la responsabilité
… nationale ne puisse faire un
… à la patrie sans avoir derrière
… pensée de lucre ignoble ?

… de l'armée territoriale,
… ne m'accusez-vous pas
… fait payer des commis-
… pement de la réserve de
… territoriale ?

… m'avez-vous … parl…, et dévoilant le secret de nos forces militaires : « Si ce ministre, un jour, sans que l'Allemagne ait pu s'en douter (elle ne l'a su, en effet, que par vos révélations), si ce ministre patriote a préparé et rendu possible la mobilisation de plusieurs centaines de milliers de soldats, c'est uniquement parce qu'il avait besoin d'argent pour ses plaisirs. »

La Justice du Peuple

Mes adversaires, qui s'intitulent mes juges, me condamneront demain ; mais, vous et vos maîtres, les honnêtes gens, qui sont l'immense majorité dans votre patrie, vous ont déjà jugés et condamnés.

Notre magistrature française à la plus belle histoire qui soit au monde, c'est en vain qu'on chercherait dans son passé un magistrat ayant fait un métier semblable au vôtre.

La réponse que je fais à vos calomnies, je l'ai dit en commençant, je le répète encore, ce n'est pas à mes soi-disant juges que je l'adresse, c'est à tous mes concitoyens, à tous les Français honnêtes et patriotes, car c'est de leur verdict seul que j'ai souci, et, ce verdict, ils le rendront bientôt, quand leurs bulletins de vote condamneront vous, les juges que vous m'avez donnés, et vos maîtres qui vous ont fait faire votre vilaine besogne !

Car vous ne le savez peut-être pas, ô magistrat mal renseigné, mais le plus grand reproche que m'adressent certains de mes amis, parfois trop ardents, c'est mon respect absolu de la légalité, consacrée par les suffrages du peuple.

Oui, moi, que vous accusez d'attentat, j'estime que le bulletin de vote est la seule arme qu'il soit permis, désormais, d'employer, et, si le suffrage universel a eu déjà si souvent confiance en moi, c'est qu'il sait quelle confiance j'ai en lui.

C'est à lui que j'en appelle de vos calomnies, que j'ai confondues, et de la parodie de justice qui va se jouer.

J'en appelle de l'iniquité des parlementaires à la justice du peuple !

Général BOULANGER

Londres, le 5 août 1889.

LE DRAPEAU TRICOLORE

Grand Journal politique, littéraire, agricole et commercial de l'Ouest

PARAISSANT TOUS LES DIMANCHES

Abonnement : un an . . . . . 5 francs

Dix centimes le numéro

LE PETIT COURRIER

JOURNAL POLITIQUE ET LITTÉRAIRE

Paraissant tous les jours, dimanches et fêtes exceptés.

ABONNEMENTS :

Un an : 20 francs. — Six mois : 10 francs.

PRIX DU NUMÉRO : CINQ CENTIMES

Bureaux : 4, rue Bodinier, Angers.